AF357116

ARRESTS
DV CONSEIL
D'ESTAT.

Portans Reglement pour les Penfions Congruës.

Donnez és années 1666. & 1667.

A LYON,

Chez ANTOINE IVLLIERON, Imprimeur
ordinaire du Clergé, & de la Ville, ruë Raifin,
à l'Enfeigne des deux Viperes.

M. DC. LXVII.

EXTRAIT DES REGISTRES
du Conseil d'Estat.

SVR ce qui a esté representé au Roy estant en son Conseil, par le sieur Euesque de Frannes ; Qu'ayant trauaillé depuis vingt années pour restablir l'Ordre de la Discipline Ecclesiastique de son Diocese, afin que les Curez & Vicaires fussent portez, suiuant l'obligation que leur Caractere & le salut des Ames qu'ils sont tenus de procurer, leur impose à s'acquitter dignement de leur Ministere ; il auroit reconnu qu'il y auroit impossibilité en plusieurs desdites Cures, à raison que les Cures estant d'vn reuenu mediocre, elles ne laissent d'estre chargées de Pensions; en sorte qu'il ne reste souuent que la somme de deux cens liures pour le Titulaire : Mesme des Religieux Profez tirent partie des fruicts des Cures par forme de Pensions qu'ils se font fait establir en Cour de Rome contre toute disposition Canonique, sous pretexte de quelques droits qu'ils y pretendent ; & enfin la chose a esté reduite à vne extremité, que les Titulaires desdites Cures ne pouuant viure des fruicts qui leur restent, à raison desdites Pensions & des Decimes, ont esté contraints d'abandonner leurs Cures apres que les Pensionnaires ont enleué tous les fruicts, lesquelles demeurent depourueuës presentement de Curé & de Vicaire, sans Messe, ny Administration de Sacremens. Ausquels desordres le Suppliant ne trouue autre remede que l'execution des Dispositions Canoniques,& Arrest du Conseil du 12. Decembre 1639 rendu sur la Requeste du Sieur Archeuesque de Bourdeaux, par lequel sa Majesté Ordonne, qu'aucun Curé ne pourra resigner son Benefice auec retention de Pension qu'il n'ayt desserui actuellement ledit Benefice l'espace de vingt années, ou qu'il ne soit tombé en quelque notable infirmité, & qu'il reste au Titulaire la somme de trois cens liures pour viure, & s'acquitter desdites fonctions : Et d'autant que l'abus qui s'est glissé en la creation desdites Pensions, est si inueteré & fortifié par la Coustume, qu'il n'a esté possible au Suppliant de l'interrom-

pre,

pre, requeroit qu'il pluſt à ſa Majeſté ordonner, que les Penſions déja eſtablies ſur les fruicts des Cures en faueur des Reſignans qui n'ont deſſeruy l'eſpace de vingt années, ou qui ne ſont tombez en quelque notable infirmité, ſeront nulles & comme non aduenuës, & que les Titulaires iouïront de la ſomme de trois cens liures francs & quittes, quand meſme les Penſions ſeroient legitimes. VEV ladite Requeſte, ledit Arreſt du Conſeil du 12.Decembre 1639. Ouy le Rapport,& tout conſideré. LE ROY ESTANT EN SON CONSEIL, Voulant pouruoir à l'abus qui s'eſt commis en la creation des Penſions ſur les Reuenus de pluſieurs Cures du Dioceſe de Frannes, A ordonné & ordonne que celles déja eſtablies en faueur des Reſignans qui n'ont deſſeruy l'eſpace de vingt années, ou qui ne ſont tombez en quelque notable infirmité, demeureront d'oreſnauant nulles & comme non aduenuës, & que les Titulaires iouyront de la ſomme de trois cens liures francs & quittes, quand meſmes les penſions ſeroient legitimes. FAIT au Conſeil du Roy ſa Majeſté y eſtant, tenu à Saint Germain en Laye, le cinquieſme Février mil ſix cens ſoixante-ſix.

Extraict des Regiſtres du Conſeil d'Eſtat.

VR ce qui a eſté repreſenté au Roy eſtant en ſon Conſeil, Que par vn grand abus & contre la Diſpoſition des Saints Canons, pluſieurs Eccleſiaſtiques ſous des preſſantes recherches, ſe ſont fait créer en Cour de Rome des Penſions ſur les Cures, & meſme ſur les Prebendes Theologales du Dioceſe d'Alet, ſans les auoir ſeruy le temps porté par les Conſtitutions Canoniques,& meſme ſouuent ſans y auoir rendu aucun ſeruice, abuſant de la facilité des Reſignations, pour faire vn traffic de ces Benefices, qu'ils prennent pour les donner en ſuite à ceux qui leur en font la condition meilleure : D'où il arriue que ces Cures & Prebendes Theologales qui ſont dans vn Pays tres-pauure,eſtant chargées de Penſions,& quelquefois meſme de pluſieurs l'vne ſur l'autre, les Titulaires n'en pouuant pas acquiter les charges, les Egliſes Cathedrales & Collegiales ſont ſans inſtruction,les pauures habitans des Patroiſſes demeurent ſans aſſiſtance, & leſdites Egliſes ne peuuent eſtre deſſeruies auec tout le ſoin, la décence,& l'vtilité conue-

nables,

5

nables, faute que les Beneficiers n'ont pas dequoy y viure & subsister
à cause desdites Pensions. Auquel abus sa Majesté voulant pouruoir :
LE ROY ESTANT EN SON CONSEIL, a declaré & declare les Pensions creées sur les Cures & Prebendes Theologales du Diocese d'A-
let nulles & comme non aduenuës ; Ordonne que les Titulaires iouyront à l'aduenir desdites Cures & Prebendes, sans qu'ils puissent estre
troublez en la jouyssance & perception des fruicts desdicts Benefices,
pour raison & sous pretexte desdites Pensions, à la reserue toutesfois
de celles qui ont esté ou seront cy-apres creées en faueur de ceux qui
ont desseruy lesdites Cures pendant l'espace de vingt-années, & en
faueur des personnes tombées en infirmité notable, ou que lesdites
Pensions ayant esté creées pour & à cause de permutation bien & Ca-
noniquement faite, pourueu toutefois qu'il reste aux Titulaires la
somme de trois cens liures franche & quitte de toutes charges pour
viure, & s'acquitter bien & deuëment de leurs fonctions. Et sera le
present Arrest leu & publié par tout où besoin sera, & executé selon
sa forme & teneur. FAICT au Conseil d'Estat du Roy sa Maiesté y
estant, tenu à Fontainebleau le vingtiesme iour de Iuillet mil six cens
soixante-six. Signé, LE TELLIER.

LOVIS par la grace de Dieu, Roy de France & de Nauarre :
Au premier nostre Huissier ou Sergent sur ce requis ; Nous te
mandons & commandons par ce presentes signées de nostre main, que
que l'Arrest ce iourd'huy donné en nostre Conseil d'Estat, Nous y
estant, dont l'extraict est cy-attaché sous le contre-seel de nostre Chancellerie, Tu signifies à tous qu'il appartiendra, afin qu'ils ne pretendent cause dignorance, & fasses au surplus pour l'entiere execution
d'iceluy tous autres actes & exploicts necessaires, sans pour ce demander autre congé ny permission : CAR tel est nostre plaisir. DONNE'
à Fontainebleau le vingt-troisiéme iour de Iuillet, l'an de grace mil
six cens soixante-six, & de nostre regne le vingt-quatriéme.

Extraict des Registres du Conseil Priué du Roy.

VR la Requeste presentée au Roy en son Conseil, par Maistre
Iean Hinselin Prieur de Vandeuure, contenant que la Cure de

                                          la

la Villeneufve Mefgrigny , eftant vacante par la mort de François Iu-
uenel , il auroit prefenté à ladite Cure Maiftre Nicolas Barat, deflors
Curé de Ligno prés la Ville de Barfuraube , lequel aprés auoir cele-
bré deux ou trois fois la Meffe dans ladite Parroiffe de la Villeneufve,
pour auoir le temps de negocier vne Penfion , il auroit enuoyé pour
defferuir ladite Cure de la Ville-neufve vn Cordelier , en fuite dequoy ledit Barat auroit refigné ladite Cure à Maiftre Claude Girardot Preftre Curé de Lifol le Petit en Loraine , moyennant vne fomme
de cent liures de Penfion ; lequel Girardot à caufe de la mediocrité
du reuenu qui fait la Penfion exceffiue , auroit efté obligé d'abandonner ladite Cure , & de la refigner à Maiftre Edme de Villiers , moyen-
naot la mefme Penfion enuers ledit Barat ; lequel Deuilliers ne pouuant pas mieux fubfifter dans ladite Cure que ledit Girardot fon refignant , mefme tout fon reuenu ayant efté faifi pour le payement de ladite Penfion en vertu d'Arreft par fommaire furpris au Parlement de
Paris par ledit Barat le vingt-troifiefme Nouembre 1666. auroit fom-
mé le Suppliant de prefenter de nouueau à ladite Cure , fi mieux il
n'aimoit luy faire vne Penfion congruë comme decimateur:& d'autant
que ledit Hinfelin eft dans l'impoffibilité de trouuer aucun Preftre
qui veüille defferuir ladite Cure de la Villeneufve Mefgrigny , char-
gée de cette Penfion , qui eft contre la difpofition des Sainéts Canons,
& des Arrefts qui deffendent de créer des Penfions fur des Cures au
profit de ceux qui ne les ont pas deferuies durant vingt-années, ou ne
font tombez en de notables infirmitez , & que celles mefme eftablies
par ceux qui font de ces termes ne peuuent donner aucune atteinte
aux portions congrues de trois cens liures ; ledit Suppliant requeroit
qu'il pleuft à fa Majefté caffer & annuler ledit Arreft du Parlement du
23. Nouembre 1666. qui ordonne le payement par prouifion de ladite penfion , ordonner que les chofes faifies en confequence dudit
Arreft , ou la iufte valeur d'icelles feront renduës & reftituées audit
Deuilliers ; à ce faire tant les Commiffaires que ledit Barat , s'il en a
touché aucune chofe , contrainéts comme depofitaires , & conforme-
ment aux Arrefts des 5. Feurier & 20. Iuillet 1666. ordonner que ladite Penfion demeurera nulle , efteinte & comme non aduenüe. VEV
au Confeil ladite Requefte fignée GVYOT Aduocat. Ledit Arreft du
Parlement de Paris du 23. Nouembre 1666. Lefdits Arrefts du Confeil des 5. Feurier & 20. Iuillet 1666. Sommation faite au Suppliant
par

par ledit Deuilliers, de prefenter vne autre perfonne capable en fa place pour ladite Cure, & autres pieces attachées à ladite Requefte. Oüy le Rapport d'icelle par le fieur le Boulanger Commiffaire à ce deputé, & tout confideré. LE ROY EN SON CONSEIL, ayant efgard à ladite Requefte, fans s'arrefter audit Arreft du Parlement de Paris du 23. Nouembre 1666. conformément aux Arrefts du Confeil dés cinq Fevrier & vingtiefme Iulliet audit an, a dechargé & defcharge ladite Cure de la Villeneufue de la Penfion de cent livres; Ordonne que les chofes faifies en confequence dudit Arreft du Parlement, feront renduës & reftituées audit Deuillers, finon la iufte valeur, au dire d'Experts, dont les parties conuiendront pardeuant le plus prochain Iuge Royal des lieux, finon en fera par luy pris d'Office. Et fera le prefent Arreft executé, nonobftant oppofition ou appellation quelconque. FAIT au Confeil Priué du Roy, Tenu à Paris le cinquiefme jour de Mars mil fix cens foixante-fept. Signé, & Collationné MAISSAT, auec paraphe.

Collationné aux Originaux par moy Confeiller Secretaire du Roy, Maifon & Couronne de France, & de fes Finances.

ARREST

ARRESTS CONTRADICTOIRES

DE LA COVR DE PARLEMENT.

Portant Reglement general entre les Curés & Habitans des Parroiſſes, qu'il ſera fait vn Ban pour les vendanges, qui ſera ſignifié au Curé des lieux, trois iours auparauant les vendanges, auec deffenſes de vendanger de nuiᶜᵗ, & permiſſion de ſaiſir les vendanges, chevaux & charrettes des Contreuenans.

Dés 5. Ianuier 1666. & 27. Ianuier 1667.

EXTRAICT DES REGISTRES de Parlement.

ENTRE les Manans & Habitans de Renepont, appellans de l'Ordonnance renduë par le Lieutenant general de Chaumont le 22. Aouſt 1664. par laquelle il eſt ordonné que les parties ſeroient aſſignées aux fins de la Requeſte à luy preſentée par l'intimé cy-apres nommé, & cependant deffenſes de vendanger auparauant le Ban qui ſera indiᶜᵗ par les Officiers, ledit intimé appellé, comme auſſi le Soleil leué, & depuis qu'il eſt couché, & en cas de contrauention, permis de proceder par voye d'arreſt ſur les cheuaux & charrettes : Et encor entre Meſſire Gaſpard de Pons, Cheualier Seigneur de Renepont, demandeur en Requeſte par luy preſentée à la Cour le iour de   dernier, à ce qu'il fuſt receu partie interuenante, & appellant de ladite Ordonnance, ordonner que ſur ladite interuention & appel, les parties viendront plaider d'vne part, & Maiſtre Claude Remy, Preſtre Curé de Maranuille & Renepont, ſon ſecours intimé & deffendeur : Apres que l'Eueſque pour les appellans, & Rauier Aduocat de l'intimé, ont communiqué aux Gens du Roy, & par leur

avis

avis font demeurez d'accord de l'Appointement qui enfuit. Appointé
eſt, que LA COVR, oüy ſur ce le Procureur general du Roy,
faiſant droit ſur le tout, a mis & met l'appellation & ce dont a eſté
appellé au neant, en ce que par l'Ordonnance il eſt dit que ledit intimé ſera appellé au Ban des vendanges, que l'on ne pourra vendanger qu'apres le Soleil leué, & depuis qu'il eſt couché, émandant
quant à ce, Ordonne que l'intimé ſera aduerty du Ban trois iours auparauant que de vendanger ; Fait deffenſes de vendanger de nuit, &
en cas de contrauention permis ſaiſir les cheuaux, charrettes & vendanges des contreuenans. FAIT en Parlement le cinquième Ian-
vier mil ſix cens ſoixante-ſept. Signé, DV TILLET.

AVTRE ARREST DV PARLEMENT,

Contradictoirement rendu en l'Audiance de la Grand-
Chambre, qui confirme les Reglemens precedens, & ordonne en outre que procés verbal ſera dreſſé du Ban des
vendanges par les Officiers du lieu, fait deffences à toutes perſonnes de vendanger auparauant ledit Ban, ſoit
en vertu de permiſſion ou autrement, ny d'enleuer aucuns raiſins que le dixme ne ſoit payé, à peine de deux
cens liures payables entre les mains du Curé, moitié pour
l'Egliſe, & l'autre pour l'entretien du Presbytere ; auec injonction aux Officiers des lieux de tenir la main à l'execution des Arreſts, à peine d'en reſpondre en leurs pro-
pres & priuez noms.

Extrait des Regiſtres de Parlement.

ENTRE Mᵉ Claude Remy, Preſtre Curé de Renepont, demandeur aux fins des Exploits des 16. & 24. Septembre, & en
Requeſte par luy preſentée à la Cour le 12. du preſent mois,
à ce qu'il fuſt ordonné que l'Arreſt contradictoirement rendu entre

   luy,

luy, le Seigneur & Habitans de Renepont d'vne part, le 5. Ianuier dernier, fera executé felon fa forme & teneur , & fuiuant iceluy , aupara-
vant de vendanger, l'affemblée des Habitans fera conuoquée à la maniere accouftumée, en laquelle fera fait le Ban pour les vendanges,
& procez verbal d'iceluy dreffé, duquel le Suppliant fera aduerty fui-
vant ledit Arreft, au iour certain; faire deffenfes à toutes perfonnes
de vendanger auparauant ledit Ban, & indication faite au Suppliant,
foit en vertu de permiffion particuliere ou autrement, & auffi d'enle-
ver aucuns raifins, qu'au prealable ils n'ayent payé leurs dixmes à la
quotité accouftumée de quinze l'vn, à peine de deux cens liures d'a-
mende, payables fur le champ, la moitié pour la refection de l'Eglife,
& l'autre pour l'entretien du Presbytere du Suppliant, auquel ladite
fomme fera payée, & pour la contrauention faite audit Arreft, &
pertes que le Suppliant a fouffert, condamner lefdits Habitans de payer la fomme de deux cens liures contre chacun des contreuenans, &
ledit Parife pareille fomme de deux cens liures à laquelle il fe ré-
traint, & en tous fes defpens, fans prejudice au Suppliant de fe pour-
voir contre la Sentence renduë au Baillage de Chaumont en temps &
lieu ; enjoindre aux Officiers des lieux de tenir la main à l'execution
des Arrefts, à peine d'en refpondre en leur propre & priué nom, &
fufpenfion de leurs Charges, d'vne part: & lefdits Habitans de Renepont & Gafpard Parife en fon nom particulier, deffendeur d'autre,
fans que les qualités puiffent nuire ny prejudicier. Apres que Billard
& Duret, Aduocat & Procureur du demandeur, ont demandé Deffaut, & pour le profit la reception de l'Appointement, & que Cam-
pion, Huiffier a rapporté auoir appellé les deffendeurs, & Maugras
leur Procureur. L A C O V R a donné Deffaut, & pour le profit ordonne que l'Appointement fera receu, & conformément à iceluy,
que ledit Arreft contradictoire fera executé felon fa forme & teneur,
& fuiuant iceluy, qu'auparauant que vendanger au lieu dudit Renepont, le Ban fera fait pour les vendanges, & d'iceluy dreffé procés
verbal par les Officiers dudit lieu, duquel le demandeur fera aduerty
fuiuant ledit Arreft, à iour certain ; Fait deffences à toutes perfonnes
de vendanger auparauant ledit Ban, & indication faite audit demandeur, en vertu de permiffion particuliere ou autrement ; comme auffi
d'enleuer aucun raifins des vignes durant lefdites vendanges, qu'au
prealable ils n'ayent payé la dixme au demandeur à la quotité ac-

couftumée

couſtumée de quinze l'vne, à peine de deux cens liures d'amende, payable ſur le champ, applicable, moitié à la refeſtion de l'Egliſe, & l'autre à l'entretient du Presbytere du demandeur, auquel ladite ſomme ſera payée : Condamne ledit Pariſe à payer la dixme des raiſins par luy enleués, & en outre aux deſpens de l'Inſtance : Enjoint aux Officiers des lieux de tenir la main à l'execution des Arreſts, en ſorte qu'il n'y ſoit point contreuenu, à peine de reſpondre en leurs noms de toutes les dixmes du demandeur. F A I T en Parlement le vingt-ſeptiéme Ianuier mil ſix cens ſoixante-ſept. Signé, R O B E R T.

A R R E S T   D E   L A   C O V R
D E   P A R L E M E N T,

En forme de Reglement pour les Penſions ſur les Cures.

Extrait des Regiſtres de la Cour de Parlement.

E jour, les Gens du Roy, Mᶜ Denis Talon Aduocat dudit Seigneur, portant la parole, on dit. Que le Reglement fait en 1661. & renouuellé au mois de Fevrier dernier, concernant l'incompatibilité des Cures auec les Prebendes des Egliſes Cathedrales & Collegiales, ayant eſté publié dans les Baillages & Seneſchauſſées, les poſſeſſeurs de ces Benefices ſe voyans contrains de les abandonner volontairement, où d'en eſtre éuincez par deuolut, ils ont tenté toutes ſortes de voyes pour éluder l'execution d'vne loy ſi neceſſaire & ſi ſainte, & comme leur principal deſſein n'eſt pas tant de conſeruer le titre des Benefices, que d'en poſſeder le reuenu, ils ont trouué vn expedient pour ſatisfaire en apparence aux paroles du Reglement, & en meſme temps le rendre inutile ; tellement que ſi on ſouffre ces fraudes, bien loin d'apporter par ce Reglement quelque remede au deſordre, ce nouuel abus ſeroit non ſeulement cauſe de le continuër, mais meſme l'augmenteroit notablement. Cette preſomption eſt fondée ſur pluſieurs aduis receus de quantité de perſonnes, & particulierement du

Subſtitut

Subſtitut en la Seneſchauſſée du Mans , par leſquels on apprend que les Chanoines obligez de reſigner les Cures dont ils ſont titulaires, ſe reſeruent de ſi groſſes penſions , qu'ils en abſorbent entierement le reuenu , qu'à peine laiſſent-ils vne ſubſiſtance mediocre à celuy qui en eſt nouuellement pourueu ; d'où l'on void clairement qu'encore que les choſes ſemblent entierement changées , c'eſt pourtant toû-jours en effet ce meſme déreglement, ces Preſtres ignorans ſur leſ-quels ces Chanoines ſe déchargeoient auparauant moyennant vne legere penſion, comme des mercenaires , du ſoin & de l'adminiſtra-tion de leurs Benefices, eſtans les meſmes qu'ils ont choiſis depuis pour leur en tranſmettre le titre , mais chargez d'vne ſi forte penſion que le reuenu ne monte à guere plus que ce qu'ils receuoient lors qu'ils n'eſtoient que de ſimples Vicaires. De-là , l'impuiſſance de ſatisfaire aux aumoſnes dont ils ſont chargez ; de-là, les pauures de ces Parroiſſes abandonnez dans leur beſoin ; de-là , enfin les ſommes ex-ceſſiues qu'ils ſont contrains d'exiger pour l'adminiſtration des Sacre-mens ; abus intolerables, dont pour arreſter le cours il ne ſe preſente autre remede qu'vne deffenſe ſeuere aux Chanoines de ne retenir plus à l'aduenir aucunes penſions ſur les Cures du titre deſquelles ils ſont obligez de ſe dépoüiller ; Deffenſe d'autant plus religieuſe & plus juſte qu'elle ſe trouue entierement conforme , non ſeulement à l'an-cienne diſcipline de l'Egliſe , qui condamnoit vniuerſellement toutes ſortes de penſions , mais encore à la diſpoſition canonique , & à l'vſa-ge de ce Royaume, qui ne permet aucunement d'en impoſer ſur les Cures, & qui ne les a jamais tolerées , qu'entre le reſignant & le reſi-gnataire en conſequence de la conuention. Cette verité eſt ſi conſtan-te que dés le moment qu'vn tel Benefice vient à vacquer par mort, la penſion demeure entierement eſteinte. Mais comme par vne juriſ-prudence nouuellement introduite , il eſt arriué qu'aucun reſigna-taire à penſion de quelque Benefice que ce ſoit , meſme de Cure, n'en peut pour exceſſiue qu'elle ſoit , non ſeulement en refuſer le pa-yement, mais meſme en eſperer la moderation , eſtant forcé ou de ſatisfaire à la conuention , ou de rendre le Benefice. Cette nouuelle juriſprudence gliſſée imperceptiblement par la licence & par le relaſ-chement des derniers ſiecles , eſt la ſource d'vn nombre infini d'abus & de deſordres dans l'Egliſe , & de l'abandonnement de pluſieurs Cures deſeruies par des perſonnes qui n'ont ny la ſuffiſance ny la pieté

pour

pour vne fonction ſi importante. De-là ſont venuës ces penſions monſtrueuſes qui excedent les deux tiers, & quelquesfois meſme les trois tiers des fruicts des Benefices. De-là, l'indigence & la pauureté de ceux qui les poſſedent, pour la ſubſiſtance deſquels à peine reſte-t'il cent francs, ces penſions acquittées. De-là ce commerce honteux ſi contraire à la pureté de l'Egliſe, & à la doctrine de l'Euangile, qui nous fait voir des Eccleſiaſtiques, leſquels, ou par faueur ou par brigue, ſucceſſiuement pourueus de pluſieurs Cures, les reſignent auſſi-toſt en receuant des penſions ſur chacune, ſans les auoir jamais deſeruïes. De-là, enfin, cette horrible corruption, à laquelle a monté l'auidité inſatiable de s'approprier le reuenu des Benefices, ſacré patrimoine des pauures : ce qui eſt arriué juſques à tel excés, que nous voyons tous les jours des Chanoines, qui pour eluder les reglemens d'incompatibilité, ont depuis qu'ils ont eſté publiez, trouué l'inuention de ſe faire conferer des Cures ſans ſe dépoüiller de leurs Prebendes, & de les reſigner auec penſion ſans bleſſer apparemment la Loy; ſçauoir, en ſtipulant qu'on leur donnera d'autres Benefices d'vne certaine valeur en eſchange, & que juſques à ce que cette condition ſoit remplie, pareille ſomme leur ſera annuellement payée par forme de compenſation, impoſant ainſi au public par vne conuention frauduleuſe, & qui eſt d'autant moins Canonique, qu'elle prepare à l'ancien titulaire vn moyen de regrez, & fomente la confidence ſous vn pretexte ſpecieux. Mais comme ce n'eſt pas aſſez de découurir le mal, ſi au meſme temps on n'y applique des remedes puiſſans, comme le miniſtere de leurs Charges les oblige d'eſtre les Promoteurs de la reformation, & d'en propoſer les expediens ; Ils eſtiment premierement qu'il y a lieu de deffendre à toutes ſortes de Chanoines qui reſigneront des Cures, de retenir aucunes penſions deſſus, ſous quelque pretexte que ce ſoit : Reglement d'autant plus raiſonnable qu'il ne s'en trouue point qui conſeruant leurs Prebendes, n'ayent s'ils veulent viure dans vne honeſte mediocrité, dequoy honneſtement ſubſiſter, qui eſt la ſeule choſe que doiuent pretendre ceux dont le Miniſtere eſt de ſeruir à l'Autel, & dont les moindres actions ſont autant d'exemples expoſez à l'imitation des peuples. Secondement, qu'il eſt neceſſaire de donner des bornes aux penſions exceſſiues, & de les reduire au tiers du reuenu tout au plus. En troiſieſme lieu, qu'il importe de pouruoir à la ſubſiſtance du titulaire, & de luy reſeruer

D   toûjours

toûjours au moins trois cens liures , sans les pouuoir diminuer par aucune conuention que ce soit , & de quelque pretexte d'équité & de bonne foy dont elle puisse estre colorée : Et d'ordonner enfin, que nul ne pourra retenir ny stipuler aucune pension , pour modique qu'elle soit , sur vne Cure, qu'il ne l'ait possedée & deseruie pendant dix années; & ce nonobstant toutes pactions entre le resignataire & le resignant, & tous cautionnemens, mesme de personnes estrangeres. Et afin de rendre les choses plus stables , & empescher toutes sortes de contrauentions, ils croyent encore qu'il est à propos d'ordonner, que si le nouueau titulaire de la Cure, paye la pension au prejudice du Reglement qui interuiendra, le Benefice demeurera vacant & impetrable; ce qu'ils estiment aussi deuoir estre estendu aux pactions de fournir vn Benefice d'vne certaine valeur , à condition de payer cependant vne mesme pension annuelle ; toutes ces promesses estant non seulement odieuses & captieuses, mais encore suspectes de simonie. Mais parce que cette Iurisprudence seroit peu fructueuse & en quelque façon sterile , si la lumiere & sa force estoient renfermées dans les limites de cét auguste Tribunal, il est important pour la rendre vniforme , & soûmettre toutes les Prouinces du Royaume à ses loix, d'obtenir vne Declaration du Roy , qui confirme ce Reglement salutaire d'incompatibilité des Cures auec les Prebendes; & autorise en mesme temps celuy que l'on prepare contre l'abus & contre l'excés des pensions, estant le seul frein capable de reprimer l'auarice , & de reduire à leur deuoir certains esprits opiniastres , qui pour se dispenser d'obeïr à vne Loy si sainte, ne manqueroient pas de porter leurs causes, soit par priuilege ou par éuocation, en d'autres Iurisdictions où la discipline ne seroit pas si seuere, outre qu'il seroit à craindre si l'autorité souueraine ne concouroit pas pour appuyer la religion de ces iustes Decrets, que des personnes puissantes ne trouuassent assez de faueur pour s'en dispenser, & qu'ainsi les choses ne vinssent à retomber dans leur ancien cahos, & dans leur premier relâchement. Et ce qui doit d'autant plus animer nostre confiance à demander cette declaration, est qu'estant conuaincus par tant d'experiences que nostre Inuincible Monarque , digne Successeur de la pieté & du zele de saint Louys , n'ayant pour objet de ses occupations laborieuses que le soin de corriger les abus & retrancher les desordres glissez dans toutes les parties de l'Estat, par la licence du siecle, nous

ne

ne deuons point douter que dans vne occafion pareille à celle-cy, il ne feconde auec ioye, les intentions toutes religieufes de cette augufte Compagnie, qui trauaille auec tant de vigueur & tant de zele à reformer la corruption, qui par des finuofitez imperceptibles auoit penetré iufques dans le Sanctuaire, & que mettant le dernier Sceau à vn fi glorieux deffein, il confommera par la plenitude de fa puiffance, vn Reglement fi conforme à la difpofition des Canons, & à la difcipline de l'Eglife, & qui déja a non feulement receu l'approbation de tous les gens de bien, mais encore les acclamations, ou pluftoft les benedictions de tous les peuples. Et lefdits Gens du Roy retirez, la matiere mife en deliberation LADITE COVR, ayant égard aux conclufions des Gens du Roy, fait inhibitions & deffenfes à tous Chanoines & autres ayans Benefices incompatibles qui refigneront des Cures, de retenir penfion fur icelles, fous quelque pretexte que ce foit. Ordonne qu'à l'aduenir nul ne pourra retenir ny ftipuler aucunes penfions fur vne Cure feculiere ou reguliere, qu'il ne l'ait defferuie actuellement l'efpace de dix ans, laquelle penfion ne pourra exceder le tiers du reuenu de ladite Cure, & mefme ne pourra monter audit tiers, qu'au cas qu'il refte au titulaire au moins trois cens liures de reuenu, fans y comprendre le cafuel, & fans qu'il y puiffe eftre diminué par aucune conuention, ny fous quelque pretexte d'équité & de bonne foy dont elle puiffe eftre colorée, & ce nonobftant toutes pactions entre le refignataire & le refignant; & tous cautionnemens, mefme de perfonnes eftrangeres. Et au cas que le titulaire d'vne Cure paye penfion au prejudice du prefent Reglement, ordonne qu'elle demeurera vacante & impetrable. Fait pareillement inhibitions & deffenfes fous mefmes peines, de promettre de fournir vn benefice de certaine valeur, à condition de payer cependant vne penfion annuelle de mefme fomme. Ordonne que le Roy fera tres-humblement fupplié d'enuoyer vne Declaration conforme au Reglement de l'incompatibilité des Prebendes auec les Cures, & au prefent Arreft; lequel fera leu, publié, & affiché à la Requefte du Procureur General, par tout où befoin fera. Fait en Parlement, le 16. iour de Iuin 1664.

Collationné. *Signé*, DV TILLET.

ARREST

ARREST NOTABLE
DE LA COVR DE PARLEMENT.

Portant Reglement general contre les Ecclefiaftiques, qui poffedent plufieurs Benefices.

Du dixiéme Fevrier 1667.

Extraict des Regiftres de Parlement.

VEV par la Cour la Requefte prefentée par les Doyen, Chanoines & Chapitres de l'Eglife Papale, Seculiere & Collegiale de Sainct Vrbain de la Ville de Troyes., dépendante immediatement du Saint Siege Apoftolique : Contenant , que pour faire ceffer les abus qui s'eftoient gliffez depuis plufieurs années au fujet que quelques Chanoines eftoient pourueus conjointement de deux ou trois Dignitez & Chanoinies, dans les Eglifes de Saint Pierre , Saint Eftienne & Saint Vrbain de ladite Ville , ce qui les rendoit defertes , & dénuées du nombre de Chanoines neceffaires pour la celebration du Seruice Diuin , à caufe de l'impoffibilité de fe trouuer en mefme temps aux heures Canoniales defdites Eglifes ; ce qu'eftant contraire aux Sainéts Decrets,& à l'ancienne couftume de l'Eglife , fur la plainte qui en fut faite en l'année mil fix cens trente , par l'Euefque de Troyes & les Doyens defdites Eglifes de Saint Pierre, Saint Eftienne & Saint Vrbain ; Il auroit plû au Roy pour empefcher ces defordres qui furuenoient de l'incompatibilité des Prebendes defdites Eglifes d'y pouruoir par Arreft rendu en ladite Ville le 18. Avril audit an 1630. par lequel il eft expreffement porté , que nul à l'aduenir ne pourroit eftre pourueu que d'vne feule dignité & Prebende dans l'vne defdites trois Eglifes , & que ceux qui s'en trouueroient pourueus de deux en mefme temps , feroient tenus d'opter dans fix mois ; depuis lequel temps l'on auroit touſiours confideré le-

dit

dit Arreſt du Conſeil pour vn Reglement general : Et afin d'en em-
peſcher, les contrauentions, les Supplians auroient de temps en temps
rendu des Ordonnances conformes pour leur Chapitre particulier, &
entre autres vn acte capitulaire du onziéme Avril 1661. par lequel
executant ledit Arreſt du Conſeil, ils auroient reſolu de ne receuoir
aucun potrueu d'vne Dignité ou Prebende és Egliſes de Saint Pierre
ou Saint Eſtienne, pour eſtre receu Chanoine en leur Egliſe, qu'à condition d'opter dans l'an du iour de ſa reception, lequel des Benefices
il voudroit garder ; Ce qui auroit eſté trouué ſi iuſte dans la ſuitte, que
le Chapitre de ladite Egliſe Saint Eſtienne s'y feroit conformé par acte
du 4. Aouſt 1663. & que ceux qui du depuis ſe feroient preſentez audit Chapitre, s'eſtans trouuez déja pouru.eus d'vne Prebende dans les
Egliſes de S. Pierre ou de Saint Eſtienne, ſe feroient ſoufmis d'execu-
ter ladite deliberation capitulaire, & l'auroient ſoufcrite, comme il
paroit par l'acte du 20. Iuillet 1665. & quoy que cela ait eſté iuſques
à preſent executé ſans contradiction, neantmoins pour preuenir dans
la ſuite les conteſtations qui pourroient eſtre formées contre ce Reglement, ſous pretexte que ce n'eſt qu'vne deliberation capitulaire,
qui n'eſt point authoriſée de la Cour. A CES CAVSES, Requeroient
leſdits Doyen, Chanoines & Chapitre de Saint Vrbain, eſtre ordonné
que leſdits actes des 11. Avril 1661. & 20. Iuillet 1665. contenant la
Deliberation Capitulaire dudit Chapitre de Saint Vrbain, feroient
homologuez, pour eſtre leſdits actes executez felon leur forme & teneur ; & ſuiuant iceux, ordonne que s'il ſe preſentoit à l'aduenir quel-
qu'vn pourueu d'vne dignité ou Prebende eſdites Egliſes Saint Pierre
& Saint Eſtienne, pour eſtre receus en Dignitez ou Chanoinies en celle des Supplians, il n'y feroient admis qu'à condition d'opter dans l'an
du iour de ſa reception lequel des deux Benefices il voudra tenir, à
quoy il fera tenu de ſe ſoûmettre lors de ſa reception, & que ſi ceux
à preſent pourueus d'vne Dignité ou Canonicat en l'Egliſe des Supplians ſe faiſoient cy-apres pouruoir d'vn Canonicat en l'vne des
Egliſes Saint Pierre ou S. Eſtienne il feroit permis aux Suppliuns d'a-
gir contre luy au nom du Chapitre, pour l'obliger d'opter & ſe defaire
de l'vn deſdits Canonicat, ou Dignité, dans le meſme temps d'vn an,
meſmes contre ceux qui ſe trouueront pourueus d'vne Prebende en
l'vne deſdites Egliſes Saint Pierre ou Saint Eſtienne, depuis ledit Acte
Capitulaire du 11. Avril 1661. qu'à ce faire leſdits Chapitre les y pour-

E   roit

roit contraindre par priuation de l'entrée en leurdit Chapitre, & de la distribution de leur reuenu Temporel, & que l'Arrest qui interuiendroit feroit publié & regiftré au Prefidial de Troyes l'Audiance tenant ; Enjoint aux Officiers d'y tenir la main ; comme auffi qu'il feroit regiftré és Regiftres des Deliberations Capitulaires dudit Chapitre, pour eftre executé nonobftant oppofitions ou appellations quelconques, & fans preiudice d'icelles : VEV auffi l'Arreft dudit Confeil du 8. Auril 1630. regiftré aux Regiftres dudit Chapitre : Deux Actes Capitulaires fignez de Vienne, defdits jours 11. Avril 1661. & 20. Iuillet 1665. & autres pieces attachées à ladite Requefte fignée Dacolle. Conclufions du Procureur General du Roy : Ouy le rapport de Me Guillaume Hebert Confeiller ; Tout confideré. LA COVR a ordonné & ordonne, que dans trois mois les Chanoines qui fe trouueront pourueus de deux ou plufieurs Prebendes defdites Eglifes de S. Eftienne, Saint Pierre & Saint Vrbain, ou autres, feront tenus d'opter l'vne defdites Prebendes feulement, finon ledit temps paffé, icelles declarées vacantes & impetrables, auec deffences à l'aduenir d'en poffeder plus d'vne fans prejudice des droits des deuolutaires pour le paffé ; Ce faifant, a ordonné & ordonne que les Refultats defdits iours 11. Avril 1661. & 20. Iuillet 1665. feront executez felon leur forme & teneur ; & que lefdits Chanoines ne pourront charger d'aucunes penfions lefdites Prebendes qu'ils auront opté de quitter ; Ordonne que le prefent Arreft fera leu & enregiftré au Greffe Prefidial de ladite Ville de Troyes l'Audiance tenant, & aux Regiftres des Deliberations Capitulaires dudit Chapitre de Saint Vrbain, pour eftre executé nonobftant oppofitions ou appellations quelconques, & fans prejudice d'icelles. FAIT en Parlement le dixiéme iour de Février mil fix cens foixante-fept. Collationné. Signé, DV TILLET.

ARREST

ARREST NOTABLE

DE LA COVR DE PARLEMENT,

Contradictoirement rendu , portant reglement entre les Curés & Habitans des Parroiſſes , qu'ils payeront la dixme de toutes ſortes de vins, ſans exception de mere goutte , adjençage , & preſſurage , dans les Caues & Celiers, apres les vins faits & entonnés, ſuiuant la quotité des lieux; Auec injonction aux Habitans d'ouurir leurs Caues & Celiers pour nombrer leſdits vins , & jaulger les vaiſſeaux , & moiſons.

Du vingt-ſixiéme Mars 1667.

COmme de la Sentence donnée par noſtre Baillif de Chaumont le 24. Septembre 1664. entre Maiſtre Claude Remy Preſtre, Curé de Maranuille, demandeur en Requeſte du 22. Iuin 1662. d'vne part , & Maiſtre Nicola Becquet, Seigneur dudit Maranuille, deffendeur d'autre part ; & encores ledit Becquet , demandeur ſuiuant ſes eſcritures du 28. Iuin audit an, & les Manans, & Habitans dudit Maranuille, interuenans, & joins auec luy, d'vne part ; & ledit Remy & les Religieux, Abbé, & Conuent de Cleruaux, deffendeurs d'autre, par laquelle noſtredit Baillif auroit dit, que ledit Remy eſtoit forclos de produire, & ordonné que l'Appointement en preuue du 17. Septembre precedent ſeroit executé, & faiſant droit ſur la demande ſubordinaire dudit Becquet, ayant eſgard à l'interuention deſdits Habitans, & declaration deſdits Religieux, Abbé, & Conuent de Clervaux, à l'vſance des lieux voiſins, comme Renepont, annexe dudit Maranuille , & au Iugement dudit Baillage du 30. Iuillet 1640. ordonné , tant par prouiſion que diffinitiuement, que cy-apres la dixme de vin ſe perceura au pied des vignes, à raiſon de quinze hottées de raiſin l'vne, à l'effet dequoy ledit Remy, tant en ſon nom que com-

me

me ayant les droits defdits Religieux , feroit tenu prépofer des perfonnes pour leuer & perceuoir lefdites dixmes & raifins defdites vignes de Maranuille , & ledit Remy condamné aux defpens. Euft efté
appellé en noftre Cour de Parlement, en laquelle le procés par efcrit
conclut & receu pour juger, fi bien ou mal auoit efté appellé , les defpens refpectiuement requis par les parties , & l'amande pour le Roy,
entre ledit Remy appellant de ladite Sentence, d'vne-part ; & ledit
Becquet & Habitans de Maranuille, intimés d'autre , joint les griefs
hors le procés , pretendus moyens de nullité , & production nouuelle
dudit Remy, qu'il pourroit bailler dans le temps de l'Ordonnance ;
aufquels griefs , moyens de nullité , lefdits intimés pourroient répon-
dre & contre ladite production nouuelle, bailler contredits aux defpens dudit appellant , joint auffi les appellations verbales interjettées
par ledit Remy des Ordonnances, & Iugemens rendus par le mefme
Iuge les 16. 19. 20. 29. & 30. Septembre 1664. & de tout ce qui en eft
enfuiuy, fur lefquelles les parties auroient eftés appointés au Confeil à
efcrire par mefmes griefs, refponfes, & produire tout ce que bon leur
fembleroit, dans le temps de l'Ordonnance , pour leur eftre fur le tout
fait droit, iceluy procés veu, griefs dudit Remy, employez pour caufe
d'appel fur lefdites Appellations verbales, refponfes dudit Becquet,
& Habitans de Maranuille, production nouuelle dudit Remy, & contredits defdits Becquet, & Habitans de Maranuille, production dudit
Remy, tant fur lefdites appellations verballes, que principal éuoqué,
Requefte defdits Becquet & Habitans employées pour refponfes à
caufes d'appel, & productions fur lefdites appellations verbales, du
dernier May 1666. lefdites Ordonnances & Iugemens, par le premier
defquels ledit Baillif de Chaumont fe feroit diftribué le procés. Par le
fecond , fur la recufation dudit Remy auroit ordonné qu'il en feroit
preuue : le troifiefme , qu'il feroit paffé outre au Iugement diffinitif.
Par le 4. qu'il feroit paffé outre nonobftant l'Appel. Et par le cin-
quiéme , que la Sentence dudit iour 24. Septembre 1664. feroit exe-
cutée nonobftant l'appel, Arreft du 21. Ianuier 1665. par lequel noftredite Cour auroit éuoqué le principal pendant pardeuant noftredit Baillif , & ordonné que les parties procederoit fur iceluy , fuiuant les derniers erremens. Requefte dudit Remy, prefentée audit Baillif de
Chaumont, le 22. Iuin 1661. à ce que ledit Becquet fût condamné
à luy payer la dixme de vin de la quantité de cinqüante muids de vins
clairets,

clairets, par luy recueillis en l'année 1661. à la raison & quotité accouftumée, de quinze pintes l'vne, ou de quinze muids l'vn, lequel feroit tenu d'affirmer, s'il n'en auoit point fait plus grande quantité, &
condamné aux defpens. Deffences dudit Becquet. Arreft du 19. Ianuier 1666. par lequel noftredite Cour fur ledit principal euoqué, auroit
appointé les parties, à oüyr droit comme deuant, & produire tout ce
que bon leur fembleroit pardeuers elle dans la huiĉtaine, & joint audit procez par efcrit. Produĉtions defdites parties, fur ledit principal
euoqué, & contredits fuiuant l'Arreft du 20. Avril 1666. Enqueftes
faites par le Preuoft de Nogent le Roy, à la requefte defdits Remy
Becquet & Habitans de Maranuille, en vertu d'Arreft de noftredite
Cour du 24. Ianuier 1665. receuës pour iuger en icelle par Arrefts des
vingtiéme Ianuier 1666. & 12. Février 1667. & lefdites parties appoin-
tées à produire dans la huitaine, & à ouyr droit comme deuant. Moyens
de nullité, & de reproches fournis par lefdites parties : Produĉtions
refpeĉtiues & contredits fuiuant ledit Arreft dudit iour 20. Avril 1666.
Requefte dudit Remy du 15. Ianuier 1666. à ce que ledit Becquet foit
condamné à luy payer la dixme de trente-neuf muids de vin par luy
recueillis en l'année 1664, & trente-vn muid, vne feüillette en l'année
1665. à raifon de quinze pintes l'vne, ou de quinze muids l'vn : Et
attendu qu'il n'eft plus en nature, luy payer le prix, & valeur, fuiuant
les extraits des ventes qui fe font faites des Vins efdites années, les
interefts de la fomme dudit iour, iufques à l'aĉtuel payement, & aux
dépens, fans preiudice d'autre deub, & aĉtions ; Enioindre audit Becquet d'ouurir fes Caues, & Celliers, & de fouffrir ledit Remy, & fes
prépofez pour receuoir fa dixme, laquelle ledit Becquet fera tenu payer
incontinent que les vins feront entonnez, & deffenfes de le troubler,
& empefcher, à peine de mil liures d'amande, & de tous defpens, dommages & interefts, & en cas de refus, qu'il luy fera permis faire empri-
fonner les contreuenans & refufans, en vertu de l'Arreft qui interuiendra. Deffenfes, Appointement en droiĉt du 10. Avril 1666. Produĉtions refpeĉtiues defdites parties, & contredits fuiuant l'Arreft dudit
iour 20. Avril 1666. Autre Requefte dudit Remy du 16. Decembre
1666. à ce que ledit Becquet foit condamné luy payer la dixme de
l'année 1666. de cinquante-huit muids vne feüillette de vin clairet, &
vingt-deux muids de vin blanc, à raifon de quinze pintes l'vne, ou de
quinze muids l'vn, & fi le vin n'eft plus en nature, la iufte valeur, fui-

F

uant

uant les extraits des ventes, auec l'intereſt ; ordonner que ledit Becquet, & autres habitans dudit Maranuille, feront tenus de mettre leurs
vins dans les Tonneaux de la Moiſon, ou Iaulge d'Eriſſey, à laquelle de
tout temps ledit lieu de Maranuille a eſté reglé. Et au cas que les vins
ſoient entonnez dans des Tonneaux de plus groſſe Moiſon que celle
dudit Eriſſey, qu'il ſera permis audit Remy de les faire Iauger, pour
eſtre payé du plus, & ce à raiſon de quinze pintes l'vne, ou de quinze ,
muids l'vn, comme dit eſt, & de tous vins : enioindre audit Becquet
& autres habitans de faire ouuerture de leurs Caues & Celliers, & defenſes à eux de cacher & receler aucuns vins, à peine de confiſcation,
de cinq cens liures d'amende, & de tous deſpens, dommages & inte-
reſts ; & outre ledit Becquet condamné auec ſa femme, leur fils, &
filles, de donner acte audit Remy que indiſcrettement & comme mal
aduiſez, ils ont proferé les injures mentionnées aux informations &
procez verbaux, contre ſon honneur & reputation , qu'ils s'en re-
pentent, & le prient de les oublier, luy en demanderont pardon, &
d'aumoſner à l'Egliſe dudit Maranuille les ſommes que noſtredite
Cour aduiſera, auec deffenſes de recidiuer , ſur peine de punition
corporelle, & leur enjoindre de luy porter honneur & reſpect, & les
condamner aux deſpens ; ſur laquelle Requeſte noſtredite Cour auroit
reſervé à faire droict en iugeant. Production nouuelle dudit Becquet,
& contredits dudit Remy. Autre production nouuelle dudit Remy, &
contredits dudit Becquet. Inſtance entre ledit Becquet & habitans
de Maranuille, demandeurs aux fins d'vne Commiſſion par eux obte-
nuë en noſtre Chancellerie le 12. Février 1666. d'vne part ; & les Religieux , Abbé & Conuent de Cleruaux deffendeurs d'autre : ladite
Commiſſion , à ce que leſdits Religieux conjointement auec ledit Remy, Decimateurs de Maranuille, ſoient tenus à l'aduenir de perceuoir
& leuer les Dixmes de vins en raiſins au pied des vignes, à raiſon de
quinze hottées de raiſins l'vne, de la meſme maniere qu'ils font les
grains, & autres fruits Decimables, & en cas de conteſtation, condam-
nez aux deſpens. Defenſes, Appointement en droit du 30. Aouſt 1666.
Productions reſpectiues des parties. Arreſt du 9. Février 1667. par lequel noſtredite Cour auroit disjoint les inſtances & differends d'entre
ledit Remy & leſdits Religieux, Abbé, & Conuent de Clervaux, &
ordonné qu'elles ſeroient iugées ſeparément, & qu'il ſeroit paſſé outre au iugement du procez d'entre ledit Remy, ledit Becquet, & habitans

bitans de Maranuille. Autre Arreſt du 26. Février audit an 1667. par lequel noſtredite Cour auroit ordonné que leſdits Becquet, & Religieux de Clervaux mettroient en eſtat l'inſtance d'entr'eux, de iuger dans trois iours, autrement qu'elle demeureroit disjointe, & paſſé outre au iugement du procez. Forcluſions de ſatisfaire audit Arreſt. Saluatiohs reſpectiues des parties : le tout joint & diligemment examiné. NOSTRE DITE COVR, par ſon Iugement & Arreſt, a mis les appellations, Sentences, & ce dont a eſté appellé au neant, emendant, faiſant droict ſur le principal euoqué, condamne ledit Becquet payer audit Remy, comme Curé de Maranuille, la Dixme des des Vins, tant de la Mere-goutte, Preſſurage, Cuuage, & Adjençage, par luy recueillis en l'année 1661. à raiſon de quinze muids l'vn, ou de quinze pintes l'vne, meſure de la Ferté ſur-Aube, & ce ſuiuant les extraits & Regiſtres des Commis des Aydes de ladite année 1661. à la deduction des Vins blancs de ladite année ; enſemble des pierres qu'il a fournies audit Remy, ſi mieux n'ayme ledit Remy les rendre & reſtituer audit Becquet. Et ayant égard aux Requeſtes dudit Remy des 17. Iannier mil ſix cens ſoixante-ſix, & 16. Decembre audit an, condamne ledit Becquet payer audit Remy, la Dixme des Vins par luy recueillis és années mil ſix cens ſoixante-quatre, mil ſix cens ſoixante-cinq, & mil ſix cens ſoixante-ſix, ſuiuant les meſmes extraits, & à la meſme raiſon que deſſus, s'ils ſont encore en nature, ſinon la iuſte valeur, & ce ſuiuant les ventes qui ont eſté faites audit lieu de Maranuille. Ordonne qu'à l'aduenir la perception des Dixmes ſe fera à raiſon de quinze muids l'vn, ou de quinze pintes l'vne, de toutes ſortes de Vins, tant de la Mere-goutte, Cuuage, Preſſurage, & Adjençage, meſure dudit lieu de la Ferté ſur-Aube, apres que leſdits Vins ſeront nouuellement entonnez, & qu'à cét effet ledit Becquet & habitans de Maranuille ſeront tenus faire ouuerture de leurs Caues audit Remy, pour voir & viſiter leurs Vins prouenans de leur crû. Et en cas de conteſtation, pour la qualité des muids, permis audit Remy de les faire Iauger par vn Tonnelier, ou autres perſonnes à ce prepoſez ; Condamne ledit Becquet aux deux tiers des deſpens, tant des cauſes principales, que du principal éuoqué, ſans deſpens des cauſes d'appel. Et ſur le ſurplus des demandes dudit Remy contre Becquet, enſemble ſur celles dudit Becquet allencontre des Religieux de Clervaux, portée par

ſa

fa Commiffion, du treiziéme Fevrier mil fix cens foixante-fix, a mis les parties hors de Cour & de procez, fans defpens, la taxe des adjugez à noftredite Cour referuée, & fans defpens à l'égard des habitans de Maranuille. PRONONCE' en Parlement, le vingt-fixiéme Mars mil fix cens foixante-fept.

Signé, DV TILLET.

Collationné. Et feellé.

Extrait des Regiftres de Parlement.